태어났기에

태어났기에

이경순 시집

月刊文學 출판부

고등학교 2학년 국어시간에 불현듯 글을 쓰고 싶다는 생각을 했고, 40여 년이 넘도록 그 생각은 변하지 않았다.

한없이 숨기고 싶고 지극히 부끄러운 졸작이 되겠지만 숨쉬는 내 삶의 자취이기에, 그리고 첫발을 내디뎌야 걸을 수 있기에 시집을 내기로 결단하였다.

41년 동안 오직 한 길, 교직에 몸담은 동안에는 내 에너지는 분산할 수 없어 시집을 발간할 엄두를 내지 못했다.

정년퇴임을 하여 비로소 가슴 두근거리는 설렘과 기대와 의욕을 가지고 그 동안 썼던 글을 모아 시집을 발간할 용기를 갖게 되어 한없이 기쁘다.

편안한 마음으로 가고 싶은 길을 마음껏 걸을 수 있게 되어 행복하기만 하다.

전남대학교 교정, 무등산에 있는 새인봉, 토끼등, 중머리재, 너덜강 약수터, 규봉암 등은 내 사색과 퇴고(推敲)의 장이다.

자연은 내 숨쉬는 공간이요, 내 삶의 동반자요, 내 넋의 안식처이다.

난 앞으로 계속 글을 쓰고 싶고, 이 소망은 살아 있는 동안 계속될 것이다.

태어났기에~

태어났기에~

운명으로 받아들이는 간절한 꿈이다.

한없이 부끄럽고 망설여지는 졸고(拙稿)라 생각되지만 용기를 내어 첫발을 내디뎌 본다. 더 나은 작품을 꿈꾸며…….

2014년 1월

용봉골에서, 이경순

차례

제3부_ 소중한 것

제1부

감사

감사 · 1

긴 어둠의 터널을
지나지 않았더라면
어찌
터널 밖의 밝음을
알았으리요

고통의 터널을
지나지 않았더라면
어찌
일상 속의 평범한 삶이
행복이라는 것을
느낄 수 있었으리요

건강해도 감사요
아파도 감사요
기뻐도 감사요
슬퍼도 감사요
있어도 감사요
없어도 감사요

웃어도 감사요
울어도 감사요……,

모든 것이
감사
감사로다.

감사 · 2

하루하루가
기적이요
은혜요
감사인 것을
그
무엇에 불평할 수 있으랴

감사
감격하며
주님 뜻대로 살다
조용히
조용히
생기 거두는 날에
흙으로 돌아가면
되는 것을

내 생명은
내가 주인이 아닌 것을.

공수래공수거

빈손으로 왔다
빈손으로 돌아가는 인생

많은들
쌓아 놓은들
욕심부린들
무엇 하리

거두어 가시면
그뿐인 것을

일용할 양식에
만족하며 사는 지혜

참으로 주님의 뜻을
헤아리며 사는
마음이 가난한 자가 되련다.

고통

근심 걱정이
뼈를 마르게 한다

희로애락(喜怒哀樂)의
느낌은 허상일진대
뼈를 오그라트리는 고통은
그 어느 곳에서
왔단 말인가

고통의 노예가 되어
허우적거리는 내 몰골은
비 맞은 한 마리의
추락하는 작은 새
우주공간에
날개 퍼덕이며 비상하는
자유로운 새가
되어야 한다
되고 싶다
되리라

나는 나이기에
이 우주에서
가장 소중한
단 하나뿐인
나이기에…….

개구쟁이들

반짝거리는 검은 눈동자
초(秒)간격으로 움직이는
몸뚱아리들
꾸중하고 벌 받아도
돌아서면 환한 미소
그들의 세계는
무한한 미지의 보물창고

순간순간 변하고 자라는
무서운 아이들……,
어리고 가냘픈 손가락을
꼭 쥐고
사제(師弟)의 정을 흘려 보낸다

잘나고 못난 놈이 어디 있으며
그 누가 무한한 잠재능력을
판단할 수 있으랴

30여 년의 교육전문직

인간기술자가 되어 봄직도 하련만은
천방지축 날뛰는
깡통 속의 개구리들
다스리는 지혜를
아직 터득하지 못하고 있구나

아직도 낯설고 힘들고
서먹서먹하고 어려운 것은
서로 다른 영혼들의
만남 때문이 아닐까

때묻지 않은
검은 눈동자 속에
총천연색의 아름다운
꿈을 심어 주는 일

교육자의
사명이리라.

구원

잘못 살아왔던
삶,
주님의 십자가
보혈의 붉은 피로
내 영혼
사망에서
구원해 주셨으니,

그리스도는
나의 은인이요
구원자이심을
죽기까지
감사 드리나이다

나의
이 찬양과
경배가
영원할지어다.

꽃 향기

동서남북
봄 향기가
그윽하구나

추운 겨울
엄동설한 이겨 낸
꽃망울,
여기저기
터뜨리는 소리
요란하구나

색동옷
뽐내며
연지곤지
바르고
천연향수
풍기며
너울너울
춤을 추노라.

나는 누구인가

나는 누구인가
아무리 찾으려 해도
찾을 길이 없네

나는 누구인가
아무리 만나려 해도
만날 길이 없네

이렇게 저렇게
사는 것이 인생이라면

이렇게 저렇게
살다 죽는 것이
제일이겠지

나는 누구인가
나는 누구인가
나는 누구인가
나!

나!
나!
나를 찾아
나의 주인이 되어
나를 이기고 싶다

이겨야 한다
이길 것이다.

넋두리

천하를 다 품은들
그 누가 탓하랴

일확천금 부를 누린들
그 또한 내 복이 되리라

세상 사람 다 품은들
내 영혼 만족 있을까

하고 싶은 것 마음껏 다 한들
내 마음 흡족할까?

이곳저곳 다 구경한들
내 영혼 풍성할까

고무줄 늘어났다 줄어들듯
내 욕심의 유무(有無)
내 마음 향한 탓이리라

내 영혼
저
깊숙이
원하는 것 찾아가는 것

선한들 악한들
어차피 가는 것은
매한가지

흙으로 빚어진 인생
몸부림치고
설친들
한 줌의 흙은 같으련만
숨쉬는 삶의 여정이
제각각이로구나.

노무현 대통령 서거(逝去)

내 조국 대한민국에
유난히 밝고 커다란 별 하나가 떨어졌다

태어난 곳 봉화마을
뒷산 부엉이바위에서

그 별은
으스러져 산산조각이 나
숨이 멎어 버렸다

수십만 인파가
구름 떼가 되어 조문한다
그 분을 사랑했기에
그 분을 믿었기에
그 분을 존경했기에

경상도 특유의 억양을
항상 스치는 엷은 미소를
유난히 깊게 새겨진 주름을

소탈한 말투를
그 분의 에너지를
그 분의 비전을
다시는
볼 수도
들을 수도 없게 되었다

서민(庶民) 대통령
자연의 풀 냄새가 물씬 풍겼던
신토불이(身土不二) 대통령
대한민국 16대 노무현 대통령
그 분은 이 지구상에서 사라졌다

그렇게 죽을 수밖에 없었던
절박함이 과연 무엇이었더란 말인가
역사(歷史)의 심판에 맡겨지리라.

눈

입춘에 내리는
새하얀 눈
삼라만상(森羅萬象)에
사뿐히 내려앉아
스르르 녹는다

숨쉬는 생물에 내리는
신의 보너스

내 영혼을
축복하듯
한없이 쌓이고 쌓인다

은혜와 축복을
흠뻑 안겨 준다

슬프고
피곤하고
강팍해진 마음을 녹여 준다

이 세상을 하얗게 덮을 수 있는
상천하지(上天下地)에
한 분뿐이신
전능하신 하나님
그분의 사랑과
은총에 감사 드리며…….

나이

나이 들수록

인자하고
자애롭고
포용하고
덕을 베풀고
양보하고
마음을 비우고
용서할 수도 있으련만

그렇지 못한 것은

타고난 성품인가
운명인가
아집인가
고집인가
원죄인가

언제쯤

심신의 겉껍질을

벗어 버리고

속사람이 되려는가?

독백

기쁨도 슬픔도
즐거움도 우울함도
모두가 그립고
아쉬워지는 때

가슴 저렸던 아픔들도
살아 있기에
느낄 수 있었던
감정들,

어찌 그리
의연(毅然)하지 못하고
천(天)
방(方)
지(地)
축(軸)
날뛰었을까요

뒤돌아보면

부끄럽고 아쉽기만 한
지나간 감정들이
찌꺼기가 되어
뚝
뚝
떨어진다.

돌고 도는 인생살이

돌고 도는 인생살이
공짜가 하나도 없고
뿌린 대로 거두는구나

기쁨도
슬픔도
잠시잠깐

눈물도
웃음도
찰나(刹那)요

정지되는 것은
아무것도 없는
돌고 도는 인생살이.

들러리

나를 제외한
그 모두는
들러리인 것을

내 삶의
주인공은
그 누구도
대신해 줄 수 없는 것

생(生)
노(老)
병(病)
사(死)의 굴레는

빈손으로 왔다
빈손으로 가는
내 몫인 것을…….

떠나거라

가라 가라 묵은해야
미련 없이 떠나거라
몹쓸 것 다 쓸어안고
훌훌 떠나거라

찬란한 붉은 태양
밝고 좋은 것만 품에 안고
함박웃음 가득 짓고
밀물되어 들어오게

묵은해야 떠나거라
미련없이 떠나거라

새해가
너 빈 자리를
가득 채울 수 있도록.

제2부
백일홍

무등산

산아 산아 무등산아
내 영육(靈肉)의 젖줄인 무등산아

고독한 내 넋을 안아 주는
무등산아
끝없이 평화롭고 정다운 산
무등산아

외로울 때
생이 무상할 때
숲이 보고 싶을 때
맑은 공기 마시고 싶을 때
심장이 두근거릴 때
소화가 안 될 때……,
찾아가는 무등산,

네 옷자락 끝에
숨쉬는
내 영혼(靈魂)이
희열에 뛰노라.

모욕

괴수(魁首) 중의 괴수요
태어나지 말았어야 할
인생이라 한다면
창(創)
조(造)
주(主)에 대한
모욕(侮辱)이 되리라.

무슨 대단한 것을 움켜쥐어야만

무슨 대단한 것을
움켜쥐어야만 행복이냐

내 마음이 편안하고
내 마음이 고요하고
아픈 곳 없고
두 눈으로 볼 수 있고
두 발로 걸어가고
숨쉴 수 있고
먹고 소화시킬 수 있으면
그게
행복이 아니겠느냐

이 모두가
주님의 은혜인 것을
깨달은 것만도
얼마나
감사할 일이냐

'항상 기뻐하라'
'쉬지 말고 기도하라'
'범사에 감사하라'

아멘!

매화 향

수줍은 꽃망울
향기 가득 머금고
세상구경 하고파
다투는구나

연분홍빛 꽃망울
엄동설한 이겨 내고
사방팔방
향기 품어 내고파
얼굴 내미는구나

재색 겸비한 네 곁에서
온갖 시름 잊고
향기에 취하고파라

대자연의 신비를 머금고
바람에 스며든
오묘한 이 향취
어찌 값비싼 향수에

비길 수 있으리오

아!
나도 너처럼
그윽한 향 퍼져 봤으면.

무상

인생은
일회성이기에
스쳐가는 것들은 다 아름답다

악착스럽게 살았던
집요한 감정싸움들이
쓸쓸한 미소로 땅에 떨어진다
그 다툼조차 추억이거늘

한계가 있는
일회성 인생들
움켜쥐고 넓힌들 유한한 것을

내일,
내일로 미루는
안일한 육신
나태의 늪에 허우적거린다
이름 석 자도 남기기 어렵겠구나

세 끼 따뜻한 식사와
누울 자리만 있으면 족하거늘
움켜잡은 손아귀 속
물질보다,
영혼의 참 자유함이
행복이라는 것을 깨달아 가는 데
반세기가 넘어
반백(半白)이 되어 가는구나.

무소유

무소유의
단순한 삶

잃을 염려도
빼길 염려도
지킬 염려도
쓸 염려도 없는 삶

무소유의
단순한 삶이
최상인 것을
황혼(黃昏)에 접어드니
알 것 같구나.

빈 껍데기

영혼을 담은
빈 껍데기

귀고리 코걸이
목걸이 반지
팔찌가 무슨 의미가 있으랴
달고 싶으면
영혼을 치장해야지

생의 수고가
한낱 육체의 포식(飽食)과
치장과 안일에 있다면
그 무슨 가치가 있으랴

영혼이 잘 되어야
범사가 형통하거늘.

비

비가 내린다
차분하게 내린다
하염없이 내린다

메마른 대지가 웃는다
즐거워한다
행복해 한다
춤을 춘다

비가 내린다
너와 내 마음에
촉촉이 스며든다

이성을 찾게 한다
현실을 보게 한다

삐
삐
새 소리가 정답다

흥분에 들끓은 세상사
빗속에 묻혀
바닥으로 가라앉는다
차분해진다

비가 내린다
가슴에도
영혼에도
촉촉하게 비가 내린다.

백일홍

백일홍아 백일홍아
어여쁜 백일홍아

찜통더위 마다않고
연지곤지 찍고 발라
환한 세상 만들어

짜증스런 삼복증염(三伏蒸炎)
환한 미소 짓게 하니
고맙고 고마워라

피고지고
피고지고
100일간의 세월이
어찌 짧다 하리오

선홍색(鮮紅色)
보라색
하얀색

꽃잎 곁에
앙증맞은 작은 잎들
도란도란 속삭인다

힘내세요
힘내세요.

비빔밥 인생

울다 웃다
사랑하다 미워하다
행복했다 불행했다
기뻤다 슬펐다
좋았다 싫었다

고정된 것들은
그 아무것도 없이
시시각각 섞어 가며
사는 인생

비빔밥 인생.

빈손

빈손으로
왔다가
아등바등거리다
빈손으로
가는 인생.

봄 내음

싱그러운
봄
내
음
코끝을 간질인다

흐드러진
꽃향기
인생
살맛
더하는구나

사계절
내음 중
너
따를 자
그 누가
또
있으리오.

제3부
소중한 것

소중한 것

반세기가 넘어가니
인생의 소중함이 무엇인지
비로소 보이는구나

무지개가 손에 잡힌 듯
신기루가 손에 잡힌 듯

무엇을 추구하며
살아야 할지
이제야 비로소
보이는구나

그것은 그것은
주님을 만나고
주님을 사랑하고
주님께 축복받는 것,

하나님의 신이 임하는 삶이라는 것을
비로소 비로소
깨달았노라.

순종(順從)

아무리
몸부림친들
일점일획인들
바꿀 수 있으랴
전지전능하신
창조주 하나님께
온전히 순종하는
길밖에,

무슨 묘책이 있으랴

우리 모두는
그
분의
피조물인 것을

그
분의
소유물인 것을…….

시간

물이 없어야
공기가 없어야
소중함을 인식하듯

남은시간 짧아지니
모든 것이 귀하구나

빈손으로 왔다
빈손으로 돌아간다는 진리가
나만은 나만은
비껴 가리라는 착각 속에
시계 소리만 무심히
흘려보냈구나

세상만사
한바탕 꿈이라고
비로소 비로소
실감이 되는구나.

숨쉬는 것

살아 숨쉬는
모든 것은
다
아름답다

사랑하고
사랑받기 위해
태어난 존재들

멈추면
한두 줌의 재

살아 숨쉬는 것은
다
기적이요
찬란한
아름다움이어라.

상처

네 가슴 속에
똬리를 틀고
앉아 있는
절망적인
그
상처가
과연
무엇이란 말인가

너는 왜
그렇게밖에
냉소적인
모습을 보여야만 하는지

네
영혼을
꿰뚫어보기가
역부족이로구나.

세월 · 1

째깍거리는 시계 소리
있는 자 없는 자 모두에게
공평히 주어지는 것

어제도 오늘도
변함없는 소리건만
똑같지는 않으리라

어제는 오늘을 만들고
오늘은 내일을 만들지니
오늘 이 순간을
어찌
헛되이 보낼 수 있으리오

하루를 조심조심
우주를 떠안은 듯
무겁고 신중하게
보내야 하리라.

세월 · 2

천천히 빨리
느리게 쏜살같이

세월의 느낌은
감정에 따른
착각인 것을

울었다 웃었다
슬펐다 기뻤다
불안했다 평안했다

얼마나
허우적거리며
지푸라기라도
잡으려는
심정으로
몸부림치는
세월이었던가

이 모든 것들은
세월 속에
용해(溶解)되는
찌꺼기인 것을…….

순환

사계절 순환하듯
인간사 희로애락
순환하는구나

올라갔다 내려갔다
꺾은 선 그래프

내 곡선은?

한없이 머무를 것 같았던
젊음도 인생도
구름 흘러가듯
소리 없이
형체 없이 흘러가는구나

그 누구나
똑같은 24시간을…….

속고 사는 인생

나이에 속고
청춘에 속고
사랑에 속고
육체에 속고
시간에 속고
인간에 속고……

속고 속으며
울고 웃다
가는 인생,

저
본능의 뒤안길에서
번쩍이는 등대를 찾으리
찾아야 한다

더 이상
속고 살지 않으려면…….

소망

솔잎 향 은은히 퍼지는
연꽃방죽골
일편단심 오직 한 길
2세 교육에
온몸 연소한 세월
감개무량하구나

경력과 경륜이 자랑이요
삶의 지혜 품거늘
두 어깨 활짝 펴며
긍지 갖고 살아 보세

만나면 헤어지는
이 순간의 찰나를
후회 없이 만끽해 보세

나 또한
꽃 같은 나이 있었고
당신 또한

꽃 지는 나이 있으련만
완전무결한 인간이
어디 있으리오
교사 또한 인간이기에
어찌 티끌이 없으리오

미우나고우나
내 새끼 맡은
깊고 깊은 인연 맺었거늘

짧은 만남 동안
대한민국의 2세 교육을 위해
공동의 목표를 향해

두 손 붙잡고
하백(荷白)의 전통을 세워 보세
마음을 모아 보세.

심은 대로

콩을 거두랴
팥을 거두랴
참깨를 거두랴
들깨를 거두랴

고구마를 거두랴
감자를 거두랴
수박을 거두랴
참외를 거두랴

콩 심은데 콩 나고
팥 심은데 팥 나는 법
세상만사 자업자득이요
심은 대로 거두는 법

좋은 것 심어서
축복의 씨앗 거두리라.

씨 뿌림

오늘의 내 모습은
어제의 씨 뿌림

뿌린 대로 거두는 것은
창조주 하나님의
공평한 심판

신중하고
또 신중하게
씨 뿌림을 잘 하자꾸나

내일의 내 모습을 위해.

십(十) 남매

한 뱃속에서
태어난
남자 5
여자 5
10남매,

얼마나
깊고 깊은
인연의 끈으로
묶여 있는가

태어나서
숨질 때까지
응시하며 살아가는
같은 피가 흐르는
10남매,

그 인연
소중하고 소중하련만

감정의 파노라마가
숨바꼭질하는구나

이해득실 생각하며
기뻤다 슬펐다 하는 모습이
한없이
부끄럽고 서글프구나

10명 중
구원받을 영혼은
몇이나 되는지
생각해 보았는가.

삶

생사가
백짓장 한 장이요
눈을 뜨면
보이는 것이
태어남과 죽음이거늘

애써 외면하며
인간답기를 거부한 채
살았던 삶들이
파편이 되어 떨어진다
아프게 박힌다

인생은
공수래공수거요
이슬이요 안개요
일장춘몽이라고 뇌까리며

타인의 기쁨과 아픔을
함께할 줄 아는

따뜻한 사람
사랑을 베풀 줄 아는
깊고 넓은 사람이
되어야 하리라.

제4부
응어리

욕심

욕심은
일만 악의 뿌리요
이성을 흐리게 하고
눈에 안개를 드리우는 것

욕심의 늪에서
허우적거린들
가는 세월
막을 수 있으랴

움켜잡고 있은 들
가지고 갈 수도
없는 것

세상 것
잡으려고
허우적거림은
무슨 의미가 있으랴

한없이 한없이
낭비하며 사는 게
우리 인생인 것을
세 끼 음식과
편한 잠자리 있으면
하루가 족하거늘
천년만년
살 것처럼
움켜쥐려고 하는
인간의 본성

욕심은 일만 악의 뿌리요
빈손으로 왔다가
빈손으로 돌아가는
인생임을 잊지 말사꾸나.

야생화(野生化)

바위 틈
청초한 야생화
곱고 곱구나

산이 좋아
찾아오는
이들에게
기쁨을 주는
너의 모습
빛깔도 선명하고
자태도 아름답구나

바위 틈에
뿌리를 내린
생명력

정녕
우주의 조화요
주님의 오묘한

솜씨이거늘

나 또한
그 모습에서
주님의
향기를 맡노라.

은혜

영육(靈肉)과
물질이 다
주님의 것이요

그
어느 것 하나
내 소유가 아님을

깊은 나락
빠져린 고통 속에서
깨달았네

손가락 하나
움직이는 것도
위대하신
주님의 사랑이라는 것을

내가 잘나서
내가 주인이어서

내 마음대로
누리며 사는 삶이라고
착각했었네

지금까지의
모든 존재함이
주님의 사랑이요
은혜이었음을……

머리카락까지 세시는
전지전능하신 주님

주님의 뜻을 헤아리는
지혜와 명철을 주시옵소서
내 삶에 하나님의
신이 임하옵소서 아멘!

애타게 찾습니다

볼 수도 만질 수도
냄새도 없는
주 예수 그리스도
여호와 하나님

당신을
의지하지 않고는
사랑하지 않고는
살아갈 수 없는
그리움에 목마른
그리움에 허기진
내 영혼이
당신을 애타게 찾습니다

만나 주시기를
간절히 기다립니다

오늘도 내일도
영원히.

알 수 없는 고뇌

태어날 때부터
알 수 없는 고뇌에 허우적거리다
그것이 비로소
죽음이었다는 것

죽음을 받아들이는 데
평생의 사색과 명상과
깨달음이 필요하였다

삶의 과정이
곧
죽음을 위한
준비였다는 것을
반세기가 넘이시야
깨달았구나.

일장춘몽

인생은 일장춘몽이요
한바탕 꿈이런가

목숨 걸고
악착같이 살았던
모든 것들이
허상이요
바람에 휘날리는
한줌의 재

아등바등
매달렸던 것들은
그 무엇이란 말인가

내
영혼이
훨훨 날아
날갯짓한다

아!
참으로 목숨 바칠
진리는
그
어느 곳에
숨어 있단 말인가

평범한 일상 속에
숨은
깊은 행복
그것을
깨달은 자가
참 현인이리라.

인생

청춘에 속고
나이에 속고
돈에 속고
남편에 속고
자식에 속고
희로애락에 속고

속고 속이며
사는 인생
무슨 의미가 있을까

착각 속에 사는 삶
그 속에
진리는 무엇이란 말인가

나는 왜 태어났고
어디를 향해 가고 있는가

태어날 때부터

정해진
운명이 있다면
아무리 몸부림친들
개미 쳇바퀴 돌기겠지

인생을 일장춘몽이라 했던가
삶의 순간순간
얼마나
절실하고 절박했던가

목숨 바쳐도
아깝지 않을
그 무엇을
찾을 수만 있다면
인생은
나름대로 풍요하리라
살맛나리라.

음악 감상

음악은
내 삶의 윤활유

헝클어진
머릿속 거미줄
가로 세로
정리해 주는
해결사

매 순간마다
변하는
감정의 기복대로
듣고 싶은 음악은
수시로 바뀐다

복음송가
찬송가
클래식
유행가

가곡,

하모니카
색소폰
트럼펫
전자오르간
피아노
바이올린
거문고
단소
오카리나……,

내 영혼의 울림대로
기호(嗜好)가
종횡(縱橫)으로 바뀐다

음악은 내 삶의 윤활유.

응어리

가슴에 응어리가
왜 이리도 남아 있는지

잊었다
용서했다
관심 없다
수없이 다짐하고
또 다짐하고
초월했었다고 믿었건만

저
깊은 심연에서
부울쑥 솟구치는
푸르스름한
멍,
멍
그 멍을 지우기 위해
더 많은 기도가
필요하리라

지나간 것은 다 아름다움이요
추억이라 하지만
그것은 새빨간 거짓말

두 눈을 감을 때까지도
아스라이 새겨질 흔적,
그
푸르딩딩한
피멍 자국은 남아 있으리라.

애견(愛犬) 인연

인간만 인연이랴
애견과의 만남도
인연이리라

살아 있는 것은
다
소중하고
귀한 것이거늘

축복이와 사랑이의
인연도
소중하고 귀하여라

허전한 가슴을
훈훈하게 해 주고
사랑하고
사랑 받았으니
어찌
소중하지 않으리오.

예쁜 짓
얄미운 짓
재롱 다 떨며
긴 세월
동고동락하였으니
어찌 인연 없다 하리오

축복아
사랑아
건강하고
오래 오래
장수하여라.

제5부
죽음

죽음

그 무엇을
아등바등
쥐려 하는가
영원히
가질 수 없는
허상뿐인 것을

움켜쥔 것들을
맥없이 스르르 놓고
떠나야 하는
인생들인 것을

죽음을 향해
걸어가는
슬픈 군상들

부귀도
권력도
명예도

욕망도
모두가 호화스러운
껍질인 것을

아서라!
행여나
그 껍질
부러워
부끄러운 짓 하랴.

잠

슬픔도
아픔도
기쁨도
다
녹여 버리는 잠

고통도
피곤도
고뇌도
흡수해 버리는 잠

걱정도
가슴 쓰라림도
설렘도
초조함도
망각 속으로
사라지게 하는
잠

잠처럼 좋은
보약이
보석이
보물이
이 지구상에
또 있을까

미치지 않도록
죽지 않도록
기절하지 않도록
나를 지탱시켜 준 건
비로 잠이었구나

아, 고마운 잠
잠은
내 숨쉬는 동반자.

지난 세월

지나가 버린 세월
아깝다고
애석해 하지 말자

어제가
오늘의 나를 있게 하지
않았는가

오늘 모습이 마음에 안 들면
이제라도
후회되지 않게
살면
되지 않겠는가

아직도
내일이
남아 있지 않느냐

너무

슬퍼하지 말고
내일을 향해
걸어 보자.

주름

긴 터널을 빠져 나온 듯
열병을 앓은 듯
홍역을 치른 듯

인생의 굽이 굽이마다
힘들고 벅찬 일이
지나갈 때마다
한 순간에 펴지는
주름살

연륜과 함께
훈장처럼
낯에서 히죽거리는
푹 패인
주름살

내 인생의 역사가
얼굴 주름에 새겨 있다.

자화상(自畵像)

과거나 현재나
존재 확인의 몸부림은
비슷하구나

다시 되풀이할 수 없는
일회성 촌음(寸陰) 속에서
내가 선택하여 형성된
오늘의 자화상

의미 없이 흘러가 버린
숱한 사연담은 시간들이
지극히 평범함
내 모습을 만들었구나

미래의
멋진 자화상 위해
오늘 하루를
고심하노라.

진달래꽃

산아 산아
붉은 산아
영취산 시루봉에
연분홍빛 붉은 산아

수줍은 듯
부끄러운 듯
살랑거리는
엷은 진달래 꽃잎아

옹기종기
한 데 모여
군락을 이루고
오손도손 속살거리며
오는 이 손짓하는
수줍은 새색시 볼같이
곱게 물든 꽃잎아

꽃잎

또옥 따
손아귀에 살며시 쥐며
내 너와 더불어
꽃잎차를 마셔 보리라
내 너와 더불어
화전(花煎)을 부쳐 보리라

산골짜기
차가운 개울물에
담근
불그레한 발가락
너를 닮고 싶었나 보다

코끝에
살갗에
봄의 향취가 은은하다.

자연

숲이 부른다
흙이 부른다
바람이 부른다
태양이 부른다
계곡물 소리가 부른다

나를 유혹하는
자연의 속삭임
내 생명의 젖줄

내 유전인자에 각인된
자연으로 돌아가고 싶은
회귀본능

나를 부르는 자연이여
나의 생존은
너희들 덕분이노라
고맙고 고마운
대자연이여!

착각

천재지변
불행
아픔
고통
슬픔
재수 없는 것들……,

이 모든 것들이
나만은 비켜 가리라
착각하였다

얼굴에 생긴 주름살도
나만은 비켜 가리라 믿었었다

모든 사람들이
'나만은' 이라는
착각 속에 허우적대다
사라지리라.

촛불

자신의 몸을
연소시키며
눈물을 줄줄
흘리면서까지
남을 위해
불 밝히는
촛불의
숭고한 사랑

당신의
살신성인의 정신을
존경합니다
당신을
본받고 싶습니다

당신을
사랑합니다.

천둥

비가 주룩주룩 내린다
천둥번개
번쩍거리며
요란하다

지구상의
모든 피조물들이
겸손히 고개 숙인다

막바지 더위가
그냥 가기에
억울한가 보다
으르렁거리는
시커먼 구름 속의 울부짖음
무엇을 알리고 싶은 건가
무엇을 말하고 싶은 건가

갑자기 겸허해지는
세상 사람들.

천국

춘하추동 4계절이 천국이요
평정을 찾은 내 마음이 천국이요
의식주 해결되니 천국이요
깊은 잠 속에 빠질 수 있어 천국이요
병들었을 때 병원 갈 수 있어 천국이요
배고플 때 먹을 수 있어 천국이요
두 발로 걸어 여행할 수 있어 천국이요
읽고 싶은 책 읽을 수 있어 천국이요
듣고 싶을 때 들을 수 있어 천국이요……,

동서남북
둘러봐도
천국 아닌 곳이 없거늘

하늘에만 천국이 있으랴
내 육신 머무르는 곳
내 영혼 간직하는 곳
내 마음 속에도
천국이 될 수 있는 것을…….

제6부
태어났기에

커피

시커먼 커피 한 잔에
피곤이 녹아 있고
고독이 녹아 있고
분주함이 녹아 있고
애타는 가슴이 녹아 있다

시커먼 커피 한 잔에
한 시간이 녹아 있고
하루가 녹아 있고
일주일이 녹아 있고
한 달이 녹아 있고
일 년이 녹아 있고

그 속에
내 인생이 녹아 있다.

태어났기에

나는 왜
詩人의 길을 선택 하였는가

힘들고 고독하고
아프고 잔인하고
멍들고 슬퍼해야 하는
이 길을
왜
택하게 되었는가

견디기 힘든
견디기 버거운
이 푸르스름한 길을
나는 왜
택하게 되었는가

태어났기에
태어났기에
어찌할 수 없는 선택이었다.

큰언니

장녀로 태어나
부모님께 효도하며
10남매 위해
희생하시고
노심초사
잘 풀리기만을
기원하고 기원하시는
각별하신 그 사랑

내 가문의
역사가
살아 숨쉬는
놀라운 기억력

식을 줄 모르는
향학열
정치 · 경제 · 사회 · 문화,
사서삼경 · 해박한 지식,
춤 · 노래 · 문학 · 언변이

경지에 이르렀네

항상 소녀처럼
티없이 맑고 깨끗한
영혼이 아름다운
사랑하는 점순 언니
언제나 한결같으신
다정하신 그 음성

내 삶의
구심점이요
안식처요
고향이어라

하나님의
넘치는 사랑과
크신 축복 임하시길!

타협

청춘에 타협하고
감정에 타협하고
희로애락에 타협하고
쇼핑에 타협하고
자자, 졸자, 눕자에 타협하고
TV, 라디오, 음악에 타협하고

얼마나 많이
타협해 버린
세월들인가!

아픔에 타협하고
원망과 미움에 타협하고
비판과 냉소에 타협하고
소유욕에 타협하고
물질에 타협한
내 모습
내 자화상

얼마나 많이
타협해 버린
세월들인가

아깝고
아깝구나.

행복

아!
참,
봄비 온 뒤에
싱그러운
저녁 산들바람이
귓전을 스치고
새록새록 고개 든
잔디밭을 밟고 가노라니

참,
이게
인생의 행복이
아닌가 한다

무슨
대단한 것을
움켜쥐어야만이 행복이냐

내 마음이 편안하고

내 마음이 고요하고
아픈 곳 없고
두 눈으로 보고
두 발로 걸어가고
숨쉴 수 있고
먹고 소화시킬 수 있으면
더 할 수 없는
행복인 것을

더 무엇을 바라리오
더 무엇을 욕심내리오.

흘러간 시간

세상사
부질없는 것들에
쏟아부은 시간들
아깝고 아깝구나

더 나은
후회 없는
몸짓이 무엇일까
고뇌하노라

우주의 질서 속에
지구가 돈다

아무리
몸부림친들
우리는
조물주의 피조물

하나님께

순종하고
자연과 더불어
호흡하는 삶이
진복자(眞福者)의 삶이요
즐거움이라는 것을
어찌
이제야
깨닫게 되었으리요.

흘러간다

흘러간다
흘러간다
시간이 흘러간다

온갖
희
노
애
락
품에 안고
묵묵히 흘러간다

온갖
생
노
병
사
쓸어안고
조용히 흘러간다

고운 놈
미운 놈
구별 없이
공평하게
흘러간다.

한 마디

말
한 마디에
속고 속아
뒹굴다
가는 인생.

| 해설 |

존재와 자아 인식, 그 성찰과 진실

| 작품해설 |

존재와 자아 인식, 그 성찰과 진실

김송배

(시인·한국문인협회 부이사장)

1. '나는 누구인가'에 대한 자아 인식

현대시의 주제는 대체로 자아에 대한 성찰이라는 대전제로 시적 상황을 구성하거나 전개되는 스토리의 핵심이 자신을 반추(反芻)하는 경향의 시법을 발견하게 된다. 이는 어차피 시는 '나'와 상관하는 '나'의 체험에서 획득해서 이 체험을 이미지화하는 형태의 다양한 담론이 주축을 이루게 된다.

일찍이 영국의 시인 P.B. 셸리는 시는 최상의 마음의 가장 훌륭하고 행복한 순간의 기록이라고 말했다. 그리고 시란 그것이 영원한 진리로 표현된 인생의 의미라고 한 그의 논지에 대해서 우리들은 동감하게 된다. 왜냐하면 앞에서 말한 바대로 시는 그 시인의 체험에서 추출하는 인생론과 동일한 성격을 읽을 수가 있기 때문이다.

여기 이경순 시인의 첫 시집 『태어났기에』의 원고를 일별하면서 그가 심취한 '나'에 관한 현재까지의 실상이 상당한 의문으로 남아 있어서 이 '나'라는 자아의 지향점이 어떤 것이며 자아가 발현하는 인생적인 진실이 무엇인가를 탐구하는 그의 심중을 다소나마 이해할 수 있어서 그가 인생 최대의 '최상의 마음의 가장 훌륭하고 행복한 순간의 기록'은 무엇인가를 구명(究明)하려는 그의 의중이 적나라하게 투영되고 있다.

나는 누구인가
아무리 찾으려 해도
찾을 길이 없네

나는 누구인가
아무리 만나려 해도
만날 길이 없네

이렇게 저렇게
사는 것이 인생이라면

이렇게 저렇게
살다 죽는 것이
제일이겠지

나는 누구인가

—「나는 누구인가」 부분

이경순 시인은 이와 같이 우선 '나는 누구인가?'라는 의문을 제기하면서 '나'에 대한 해법을 탐색하고 이다. 그는 시집 '자서'에서도 '한없이 숨기고 싶고 지극히 부끄러운 졸작이 되겠지만 숨쉬는 내 삶의 자취이기에, 그리고 첫발을 내디뎌야 걸을 수 있기에 시집을 내기로 결단하였다'는 그의 의지에서도 확인할 수 있듯이 '내 삶의 자취'에서 회상하는 자아는 상당한 미확인이거나 미지수의 현실적인 상황에 집착하고 있다.

이처럼 '나'에 대한 의문은 '아무리 찾으려 해도' 그리고 '아무리 만나려 해도' 그는 찾지 못하고 만나지 못하는 현실적인 정황을 안타까워하고 있다. 다시 그는 이러한 의문은 스스로 인식을 단정하는 해법으로 그에게 내재된 진실을 탐색하는 시법으로 전환하고 있다.

그가 '이렇게 저렇게/ 사는 것이 인생이라면'이라는 진솔한 단정에서는 '이렇게 저렇게/ 살다 죽는 것이/ 제일이겠지'라는 화자의 어조는 대단히 위험한 속단이라고 할 수 있을 것이다. 그러나 그는 지속적으로 '나는 누구인가?'를 절규하다가 결론적으로 '나!/ 나를 찾아/ 나의 주인이 되어/ 나를 이기고 싶다// 이겨야 한다/ 이길 것이다.'라는 분명한 어조로 자신의 인식을 확인하고 있다.

나는 왜
詩人의 길을 선택 하였는가

힘들고 고독하고

아프고 잔인하고
멍들고 슬퍼해야 하는
이 길을
왜
택하게 되었는가

견디기 힘든
견디기 버거운
이 푸르스름한 길을
나는 왜
택하게 되었는가

태어났기에
태어났기에
어찌할 수 없는 선택이었다.

—「태어났기에」 전문

이경순 시인은 다시 이 시집의 표제시가 되는 작품 「태어났기에」에서 알 수 있는 바와 같이 여기에서도 '나는 왜/ 詩人의 길을 선택하였는가'라는 의문형으로 상황을 도입하고 있다. 이러한 화법은 '이 길을/ 왜/ 택하게 되었는가'라고 그의 의문은 계속되고 있는데 그는 바로 '태어났기에/ 어찌할 수 없는 선택이었다.'는 결론에 도달하고 있다.

이러한 그의 시적 인식을 위한 집념은 그가 보편적인 사유에서 획득하는 그의 체험은 단순한 인생론에 머물지 않고 여기에 투영된 인생관이나 가치관이 그의 뇌리에서 숙성된 우리들의 진실로 승화하고 있다는 그의 심도 있는 인식의 체계를 공감할 수 있다는 사실을 간과할 수 없을 것이다.

그는 자아 인식의 범주는 대단히 포괄적인다. 작품 「들러리」에서 '내 삶의/ 주인공은/ 그 누구도/ 대신해 줄 수 없는 것// 생(生)/ 노(老)/ 병(病)/ 사(死)의 굴레는// 빈손으로 왔다/ 빈손으로 가는/ 내 몫인 것을…….'이라거나, 작품 「타협」에서 '아픔에 타협하고/ 원망과 미움에 타협하고/ 비판과 냉소에 타협하고/ 소유욕에 타협하고/ 물질에 타협한/ 내 모습/ 내 자화상'이라는 겸양(謙讓)의 어조도 공감의 영역을 확대하고 있다.

이렇게 자아에 대한 인식이 고차원의 성찰로 연결되고 있는데 그는 성찰에 내포된 그의 심안(心眼)은 '공(空)'이라는 새로운 인식체계를 구상하고 있어서 그가 진실로 지향하는 인생관은 바로 '빈손으로 왔다/ 빈손으로 돌아간다는 진리가/ 나만은 나만은/ 비껴 가리라는 착각 속에/ 시계 소리만 무심히/ 흘려보냈구나(「시간」 부분)'라는 '빈손'이라는 철학의 경지에까지 도달하고 있다.

2. 삶과 '공수래공수거'의 의식

이경순 시인은 역시 인생문제에 대해서 집요하게 추적하고 있다. 지금까지의 인생문제는 자아에 국한했으나 그는 대의적(大義的)인 측면에서 구현하려는 인생의 목표는 아무래도 '나'와 상관하면서도 우리 인간이 공유할 수 있는 보편적인 인생관의 표본에서 존재라는 근원의 추적으로 전환시키고 있다.

그는 이러한 존재의 근원을 철학적인 존재론에서 탐색하는 것이 아니라, 평범한 현실 생활 속에서 야기되는 보편서정의 개념에서 시적인 상황으로 탐구하는 그의 진실이 깊게 녹아 있음을 이해할 수 있을 것이다.

빈손으로 왔다
빈손으로 돌아가는 인생

많은들
쌓아 놓은들
욕심부린들
무엇 하리

거두어 가시면
그뿐인 것을

일용할 양식에
만족하며 사는 지혜

참으로 주님의 뜻을
헤아리며 사는
마음이 가난한 자가 되련다.

—「공수래공수거」 전문

그렇다. 그에게는 우리 인생관에 대해서 철저하게 순응하는 진리가 있다. 작품 제목에서 적시한 바와 같이 '공수래공수거'의 사념(思念)이 그의 인생 철학으로 확고하게 정립되어 있어서 '많은들/ 쌓아 놓은들/ 욕심부린들/ 무엇 하리'라는 체념에 가까운 어조로 삶과 인생을 결론지으려는 조화의 시심(詩心)을 이해할 수 있다.

돌고 도는 인생살이
공짜가 하나도 없고
뿌린 대로 거두는구나

기쁨도
슬픔도
잠시잠깐

눈물도
웃음도
찰나(刹那)요

정지되는 것은
아무것도 없는
돌고 도는 인생살이.

—「돌고 도는 인생살이」 전문

이처럼 그가 인생론으로 적시하는 중요한 주제는 공수래공수거(空手來空手去)의 명징(明澄)한 해법을 메시지로 전달하려는 철학적인 원류를 공감할 수 있게 한다. 이것이 이경순 시인이 여망(輿望)하고 실행해야 할 시적 진실이며 그가 기필코 성취해야 할 철학의 근원이라고 할 수 있을 것이다.

그는 작품 「무소유」에서 '무소유의/ 단순한 삶// 잃을 염려도/ 뺏길 염려도/ 지킬 염려도/ 쓸 염려도 없는 삶// 무소유의/ 단순한 삶이/ 최상인 것을/ 황혼(黃昏)에 접어드니/ 알 것 같구나.'라거나, 「순환」에서 '한없이 머무를 것 같았던/ 젊음도 인생도/ 구름 흘러가듯/ 소리 없이/ 형체 없이 흘러가는구나', 그리고 「일장춘몽」에서도 '목숨 걸고/ 악착같이 살았던/ 모든 것들이/ 허상이요/ 바람에 휘날리는/한줌의 재'라는 등의 어조에서 이해할 수 있듯이 우리 인생의 무상(無常)을 흡인시키고 있다.

3. 영혼과 삶의 시간성 그리고 진실

이경순 시인은 영혼의 문제와 동시에 삶의 시간성(세월)에 대해서 민감하게 반응하고 있다. 영혼은 육신과의 반대 개념이나. 일찍이 김소월은 그의 글 「시혼」에서 '우리의 몸보다도 맘보다도 더욱 우리에게 각자의 그림자 같이 가깝고 각자에게 있는 그림자같이 반듯한 각자의 영혼이 있습니다. 가장 높이 느낀 수 있고 가장 높이 깨달을 수도 있는 힘, 또는 가장 강하게 진동이 맑게 울리어 오는 반향(反響)과 공명(共鳴)을 항상 잊어버리지 않는 악기, 이는 곧 모든 물건이 가장 가까이 비치어 들어옴을 받는 거울, 그것들이 모두다 우리에게 각자의 영혼의 표정이라면 표상일

것입니다.'라는 논지로 영혼과 삶의 감각을 소상하게 설명하고 있다.

이경순 시인도 이러한 논지와 같이 몸과 그림자의 상관성처럼 그에게 각인되어 있는 삶의 지표나 인생의 지향성이 영혼을 배제한 육체의 삶이 얼마나 무의미하고 허탈한 것인가를 명민(明敏)하게 제공해 주고 있다.

영혼을 담은
빈 껍데기

귀고리 코걸이
목걸이 반지
팔찌가 무슨 의미가 있으랴
달고 싶으면
영혼을 치장해야지

생의 수고가
한낱 육체의 포식(飽食)과
치장과 안일에 있다면
그 무슨 가치가 있으랴

영혼이 잘 되어야
범사가 형통하거늘.

—「빈 껍데기」 전문

보라. 그는 오래 전에 괴테가 말한 '인간의 영혼은 항상 경작되는 밭과 같은 것'이라든가, 앙드레 지드가 말한 '나는 육체와 잘라 낸 영혼은 믿지 않는다'는 것과 같이 그는 '영혼을 담은/ 빈 껍데기'라는 어조에서 우리 인간과 영혼의 함수관계를 적시하고 있다.

이러한 그의 소신은 시적인 전개방식이나 주제의 창출에서도 상당한 의미를 내포하는 것이지만, '생의 수고가/ 한낱 육체의 포식(飽食)과/ 치장과 안일에 있다면/ 그 무슨 가치가 있으랴'라는 자탄(自歎)의 가치관이 명징하게 도출되고 있어서 그가 지향하려는 영혼에 대한 신념으로 너무나도 확연한 탐색을 하고 있다.

그는 결론적으로 '영혼이 잘 되어야/ 범사가 형통하거늘'이라는 '빈 껍데기'의 이미지를 형상화하고 있다. 그것이 이경순의 시학(詩學)이다. 작품 「음악 감상」에서 '내 영혼의 울림대로/ 기호(嗜好)가/ 종횡(縱橫)으로 바뀐다// 음악은 내 삶의 윤활유', 그리고 작품 「넋두리」에서도 '이곳저곳 다 구경한들/ 내 영혼 풍성할까// 고무줄 늘어났다 줄어들듯/ 내 욕심의 유무(有無)/ 내 마음 향한 탓이리라'라는 어조에 그가 간구(懇求)하거나 여망하는 영혼의 진실을 이해하게 된다.

어제는 오늘을 만들고
오늘은 내일을 만들지니
오늘 이 순간을
어찌
헛되이 보낼 수 있으리오

하루를 조심조심
우주를 떠안은 듯
무겁고 신중하게
보내야 하리라.

—「세월 · 1」 부분

이경순 시인은 이와 같이 시간성에서 자신의 현존(現存)과 실재(實在)의 삶에 대한 향방을 예측하거나 '세월(혹은 이 순간)'에 대한 소중함을 토로하여 이 시간성과 삶의 조화에서 탐색하는 그의 시적 진실을 예감할 수 있게 한다.

이 시간성의 현현도 작품 「세월 · 2」에서 '얼마나/ 허우적거리며/ 지푸라기라도/ 잡으려는/ 심정으로/ 몸부림치는/ 세월이었던가' 또는 「지난 세월」에서 '어제가/ 오늘의 나를 있게 하지/ 않았는가'라는 절규와 자조, 혹은 체념의 언어로 시간성을 조감하고 있다.

태어날 때부터
알 수 없는 고뇌에 허우적거리다
그것이 비로소
죽음이었다는 것

죽음을 받아들이는 데
평생의 사색과 명상과
깨달음이 필요하였다

삶의 과정이
곧
죽음을 위한
준비였다는 것을
반세기가 넘어서야
깨달았구나.

—「알 수 없는 고뇌」 전문

이경순 시인이 갈망하는 영혼의 접맥(接脈)은 '죽음'이라는 '삶의 과정'을 배제하지 않는다. 또한 그 '죽음'의 의미를 자각하기 까지는 '죽음을 받아들이는 데/ 평생의 사색과 명상과/ 깨달음이 필요하였'을 뿐만 아니라, '삶의 과정이/ 곧/ 죽음을 위한/ 준비였다는 것을/ 반세기가 넘어서야/ 깨'닫게 된다.

이와 같이 그가 영혼과 삶의 시간성 등이 복합적으로 화해(和解)함으로써 그가 시에서 추구하거나 구현하려는 인생학이나 시학의 근원은 바로 생멸에 대한 지대한 형이상적 시 세계의 구축을 위한 전초전일 수도 있다는 점에서 크게 환영하게 된다.

이 밖에도 작품「무등산」「비」「상처」「눈」등에서 영혼과 삶이 조화하는 시적 전개와 인생의 시간성이 우리들 현실 실생활과 상생의 관계에서 생성하는 이미지의 현시(顯示)가 공감을 유로(流路)하고 있다.

4. 서정의 향기 속에 피는 자연관

이경순 시인은 그냥 지나칠 수 없는 서정적인 정감을 간직한

서정시인이다. 그가 내뿜는 자연 서정의 향기는 지금까지 고뇌와 갈등의 요소들을 말끔하게 정리하는 그의 매체로서 심적 청량제의 역할을 하고 있다.

그가 이미 '자서'에서 말했듯이 '무등산에 있는 새인봉, 토끼등, 중머리재, 너덜강 약수터, 규봉암 등은 내 사색과 퇴고(推敲)의 장이다. 자연은 내 숨쉬는 공간이요, 내 삶의 동반자요, 내 넋의 안식처이다.'는 그의 자연관은 그가 영위해온 삶의 한 단면으로써 심신의 활력소로 작용하고 있는 것이다.

숲이 부른다
흙이 부른다
바람이 부른다
태양이 부른다
계곡물 소리가 부른다

나를 유혹하는
자연의 속삭임
내 생명의 젖줄
내 유전인자에 각인된
자연으로 돌아가고 싶은
회귀본능

나를 부르는 자연이여
나의 생존은

너희들 덕분이노라
고맙고 고마운
대자연이여!

—「자연」 전문

보라. 이경순 시인은 이 '자연'에서 보여 주듯이 '생명의 젖줄'이며 '생존'의 촉매제로서 동행하는 고귀한 존재이다. 그는 이러한 자연 속에 묻혀서 자연과 인간의 생존을 노래하는 서정적 자아를 구현하려는 관심과 노력을 쏟고 있는 것이다.

이처럼 자연에 관한 시인들의 시각은 객관적으로 멀리서 자연을 바라보면서 그 풍광이나 경관에 대해서 시적으로 표현하는 방법과 그 자신이 자연 속으로 들어가서 자신이 풍광과 동시에 동화(同化)된, 하나의 자연으로 변신하여 스스로 인간들을 향하여 뿜어내는 향기의 두 가지 방법의 표현이 있다.

바위 틈에
뿌리를 내린
생명력
정녕
우주의 조화요
주님의 오묘한
솜씨이거늘

나 또한

그 모습에서
주님의
향기를 맡노라.

—「야생화」 부분

여기에서도 이경순 시인은 자연과의 동화에 여념이 없다. 그의 모든 자연은 생명력과 소통하고 있다. '바위 틈/ 청초한 야생화'가 결국 우리 인간들과 교감함으로써 던져지는 메시지는 '우주의 조화'를 적시하고 우리들은 이에 순응하는 섭리의 정취를 획득하게 된다.

이경순 첫시집 『태어났기에』에서는 대체로 존재를 통한 자아의 인식과 거기에서 인식된 삶에서 공수래공수거의 의식이 곧 그의 인생관으로 승화하는 과정, 거기에 영혼과 대칭하는 시간성의 조화, 그리고 천성적으로 부여받은 자연 서정의 형상화를 통한 삶과의 화해는 우리 시들이 구현해야 할 서정시의 근원을 제공하는 암묵적(暗默的)인 효과를 제시하고 있다.

그는 더욱 착실한 정진을 통해서 앞으로 출간될 시집에서는 우리 정서에 걸맞는 형이상시의 모습을 대할 수 있기를 기대한다. 출간을 축하한다.

이경순 시집_ 태어났기에

초판 인쇄 | 2014년 1월 25일
초판 발행 | 2014년 1월 30일

—

지 은 이 | 이경순
발 행 인 | 정종명
편집국장 | 차윤옥

—

펴낸곳 | 月刊文學출판부
주소 | 서울시 양천구 목동서로 225 대한민국예술인센터 1017호
전화 | 02-744-8046~7
팩스 | 02-743-5174
이메일 | klwa95@hanmail.net
등록 | 2011년 3월 11일 제2011-000081호
ISBN 978-89-6138-237-3 03810

—

값 8,000원

—